Ingrid (geboren 1953) und Dieter Schubert (geboren 1947) schreiben und malen seit Jahren erfolgreiche Bilderbücher. Zusammen haben sie an den Fachhochschulen in Düsseldorf und Münster Graphik-Design studiert und später auch unterrichtet. Sie haben zwei Töchter und leben und arbeiten seit vielen Jahren in Amsterdam.
Ihre gemeinsamen Werke wurden in über 20 Ländern veröffentlicht. Bei FISCHER Sauerländer sind außerdem die Bilderbücher ›Der rote Regenschirm‹, ›Ophelia und die Schmetterlinge‹ und ›Oben oder unten‹ erschienen.

Weitere Informationen zum Kinder- und Jugendbuchprogramm der S. Fischer Verlage finden sich auf www.blubberfisch.de und www.fischerverlage.de

MIX
Papier van verantwoorde herkomst
FSC® C004472
FSC www.fsc.org

Die niederländische Originalausgabe erschien 1986 unter dem Titel ›Plavoetje‹ bei Lemniscaat b.v., Rotterdam

Erschienen bei FISCHER Sauerländer

3. Auflage 2017

Die Mini-Ausgabe der Originalausgabe erschien erstmals 2005 bei Sauerländer
Umschlaggestaltung: Norbert Blommel, MT-Vreden,
unter Verwendung einer Illustration von Ingrid und Dieter Schubert
Printed in The Netherlands

ISBN 978-3-7373-6042-5

Ingrid & Dieter Schubert

Irma hat so große Füße

Aus dem Niederländischen
von Rolf Inhauser

SAUERLÄNDER

Irgendwo zwischen Oben und Unten wohnen die Hexen.
Heute Morgen herrscht große Aufregung.
Irma ist weg!

»Irma, wo bist du?« Alle rufen durcheinander.
»Sie hat sich bestimmt versteckt!
Wir hätten sie nicht auslachen sollen!«
So sehr die Hexen auch rufen und suchen:
Irma bleibt verschwunden.

Als sich Lore an diesem Morgen die Zähne putzen will, hört sie ein leises Schnarchen. Es kommt hinter dem Zahnbecher hervor. Vorsichtig schaut Lore: Da liegt doch tatsächlich eine kleine Hexe und schläft!
»He«, flüstert Lore. »He du, wach mal auf.«
Mit einem Satz fährt die Hexe hoch. »Potzblitz! Wer wagt es, mich zu wecken?«
»Ich«, sagt Lore. »Ich will nämlich meine Zähne putzen. Bist du eine richtige Hexe?«
»Na klar«, sagt Irma und schüttelt sich. »Zähneputzen? Pfui Teufel! Das ist nichts für Irma!«
Sie macht den Mund weit auf und zeigt ihre Zähne. »Schön gelb, was? Die hab ich mein ganzes Leben lang noch nie geputzt.«

Lore will ihre Zahnbürste nehmen, aber Irma hat sie schon gepackt.

»So«, sagt die kleine Hexe, »das ist mein neuer Besen. Ich will jetzt nämlich weiterfliegen.«
»Gib her!«, ruft Lore. »Hexen fliegen auf richtigen Besen, nicht auf Zahnbürsten. Du bist ja gar keine richtige Hexe!«

»Und ob ich eine richtige Hexe bin!«, schreit Irma. Sie setzt sich auf die Zahnbürste und fliegt los. Unter ihrem Rock zieht sie einen zerbrochenen kleinen Besen vor. »Hier, mit dem hab ich die letzte Kurve nicht erwischt. Dabei will ich doch ganz weit weg.«

»Wohin?«, will Lore wissen.

»Irgendwohin, einfach ganz weit weg.«

»Warum?«, fragt Lore.

Nachdem Irma auf Lores Knie gelandet ist, sagt sie leise: »Schau mal meine Füße an. Fällt dir nichts auf?«
»Nein«, sagt Lore. »Ich seh bloß Füße. Große Hexenfüße.«
»Ja!«, schreit Irma. »Große Hexenfüße! Die anderen Hexen lachen mich immer aus: ›Irma Quadratlatschen! Irma Riesenflossen!‹ Und zaubern kann ich auch nicht mehr richtig. Ich hab die Zauberwörter vergessen. Jedes Mal, wenn ich was zaubern will, gibt es einen Ruck – und meine Füße werden größer.«
»Du schwindelst!«, ruft Lore.

»Tu ich nicht!«, kreischt Irma. »So, jetzt verhexe ich dich, weil du mir nicht glaubst!« Sie schreit ein ganz langes Wort, so ähnlich wie ›Kraxpaxbaderhax!‹ – und mit einem Ruck sind ihre Füße wieder größer geworden.

»Ach«, schluchzt Irma, »jetzt hab ich das schon wieder vergessen. Ich glaub ich werde langsam alt. Dabei bin ich doch erst 777 Jahre. Ich zaubere nie mehr!«

Lore tröstet Irma. »Schau mal«, sagt Lore. »Ich hab so große Ohren. Die anderen Kinder rufen mir immer nach: ›Lore Segelohre, flieg doch, Lore!‹ Aber ich hab noch nie fliegen können. Weißt du – ich mag deine großen Hexenfüße.«

»Mir gefallen sie eigentlich auch«, sagt Irma. »Sie sehen nur so langweilig aus.«
»Da weiß ich was«, sagt Lore, holt Farben und andere Sachen und macht sich an die Arbeit. Als sie fertig ist, jubelt Irma: »Bin ich froh, jetzt hab ich die schönsten, lustigsten Füße von allen! Jetzt darfst du dir was wünschen.«

Lore weiß nicht, was sie sich wünschen soll. Und zaubern will Irma ja nicht mehr.
»Lass mich erst mal meine Zähne putzen«, sagt sie. »Vielleicht fällt mir dann was ein.«
Irma schaut gespannt zu.
»Tut das weh?«, fragt sie.
»Nein, das kribbelt nur ein bisschen. Willst du auch mal?«

Zuerst traut sich Irma nicht.
Dann probiert sie es.
Ihre Zähne werden violett.

Und dann schreit sie:
»Die Zauberwörter!
Mir fallen die Zauberwörter
wieder ein!«

»Ich kann wieder hexen!«, kichert Irma. »Was soll ich dir zaubern?« Lore überlegt. »Zauber doch mal einen Drachen, aber einen kleinen!« Irma murmelt und murmelt. Zuerst klappt es nicht so richtig. Lore schaut da und dort ein bisschen wie ein Drache aus, aber das geht schnell wieder weg.

Plötzlich raucht und zischt es!
»Otto!«, schreit Irma.

»Hier steckst du!«, sagt der Drache. »Wir vermissen dich so. Seit du weg bist, haben wir nichts mehr zu lachen. Komm, wir fliegen nach Hause.«
»Gleich«, sagt Irma. »Schau dir erst mal meine Füße an.«

»Donnerwetter!«, sagt Otto. »Das sind die lustigsten Hexenfüße weit und breit. Da werden die anderen aber staunen. Und was ist mit deinen Zähnen passiert?«
»Das erzähl ich dir später«, sagt Irma.

Lore ist ein bisschen traurig, weil Irma mit Otto wegfliegen will. »Wir sehen uns ganz bestimmt wieder«, sagt Irma und gibt Lore einen Kuss auf das linke Ohr und dann einen Kuss auf das rechte Ohr. »Das ist meine Überraschung«, sagt sie.
»Du brauchst nur mit den Ohren zu wackeln.«
Dann fliegen Irma und Otto los.

Lore wackelt gleich mit den Ohren. Und was passiert da?
Sie fliegt! Sie kann segeln! Mit ihren Ohren!

Nach einem kurzen Rundflug landet sie neben ihrer Mutter.
»Kind«, sagt die Mutter, »wer hat dir das denn beigebracht?«
»Die kleine Hexe Irma«, kichert Lore.
»Na, du hast aber komische Freunde«, sagt die Mutter.

Lore übt den ganzen Tag und am Abend kann sie schon richtige Kunststückchen. Der Vater und die Mutter wundern sich sehr. Plötzlich klopft es am Fenster.

Draußen sitzt eine Eule. Sie hat einen Brief im Schnabel.
»Für Lore von Irma«, krächzt die Eule. »Ich warte auf Antwort.«

»Du willst mir doch nicht erzählen, dass du auch schon lesen kannst«, sagt der Vater.
»Na klar«, sagt Lore. »Ich kann lesen.«

Den Brief kannst du auch lesen. Auf der nächsten Seite.
Und was meinst du wohl, was Lore der kleinen Hexe Irma geantwortet hat? Wenn du willst, kannst du Lores Brief auf die Seite daneben schreiben oder malen.

PS.
16. September